—

Ausstellungsführer
Wolfgang Müller

—

Die Tödliche Doris

—

Biografie

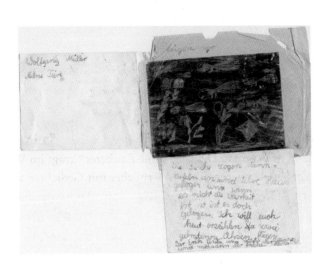

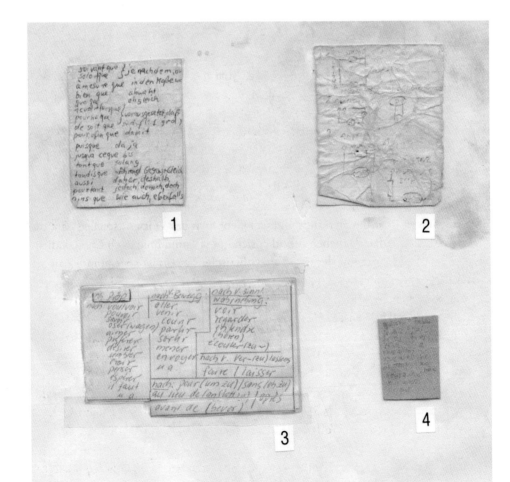

---

1. Wolfgang Müller
Das Lügenmeer
Ölkreide, 104,5 x 74 mm, 1964/65

Schon als Kind fertigte Wolfgang Müller kleine Comic Strips an. Die Geschichten der Unikate rankten sich zumeist um den Kosmos einer Biene namens Summi und einer Hummel namens Brummi. Der „Brummi-Zauberer" trägt im Werkverzeichnis die Nummer 1. Zudem existieren auch Bilderbücher mit Gedichten wie „Das Lügenmeer", das als Fragment erhalten ist. Das Motiv, Fische mit Pantoffeln an den Beinen findet sich nebst Titel auf dem Cover einer Videoedition von Die Tödliche Doris aus dem Jahr 1987.

---

2. Wolfgang Müller
Spickzettel
Farbkopien der Originale, Radiergummi, Füllfederhalter, Co Cl 2, Auflage: 3 Exemplare in drei Glaskästen, 1975–1992

In drei verglasten Holzkästen befinden sich montiert die Kopien von Spickzetteln aus den Jahren 1974–1976, die im Wolfsburger Ratsgymnasium von den Schülern verwendet wurden. Wolfgang Müller sammelte die Spickzettel und andere, sogenannte „unerlaubte Hilfsmittel" nach den Klassenarbeiten ein und notierte Geschlecht und Alter der betreffenden Schüler. Dazu stellte er etymologische Untersuchungen über die Herkunft und den Gebrauch des Wortes „spicken" an, die Teil der Arbeit wurden. Daneben befinden sich in der Sammlung auch Chemikalien wie Kobalt (II)-Chlorid, aus der eine Sympathetische Tinte oder sogenannte Zaubertinte hergestellt werden kann. Die bläuliche Tinte wird auf der Haut aufgetragen und durch Anhauchen unsichtbar. Mit der Arbeit „Spickzettel" bewarb sich Wolfgang Müller 1977 an der Hochschule für Bildende Künste in Braunschweig. Seine Bewerbung wurde abgelehnt. Der damalige Leiter der Städtischen Galerie Wolfsburg, Klaus Hoffmann entfernte daraufhin mit dem Ausruf: „Strafe muss sein!" eine Skulptur des Braunschweiger Professors Siegfried Neuenhausen aus den Ausstellungsräumen und lagerte sie im Depot. Wolfgang Müller zog ein Jahr darauf nach Berlin und deponierte die Spickzettelsammlung im Dachboden seines Elternhauses. Ab 1990 zeichnete Wolfgang Müller vermehrt mit Tinte aus Kobalt (II)-Chloridkristallen. Eine Serie der zarten Zeichnungen, die im Laufe der Zeit verschwinden werden, befindet sich seit 1992 in der Sammlung der Deutschen Bank in Frankfurt.

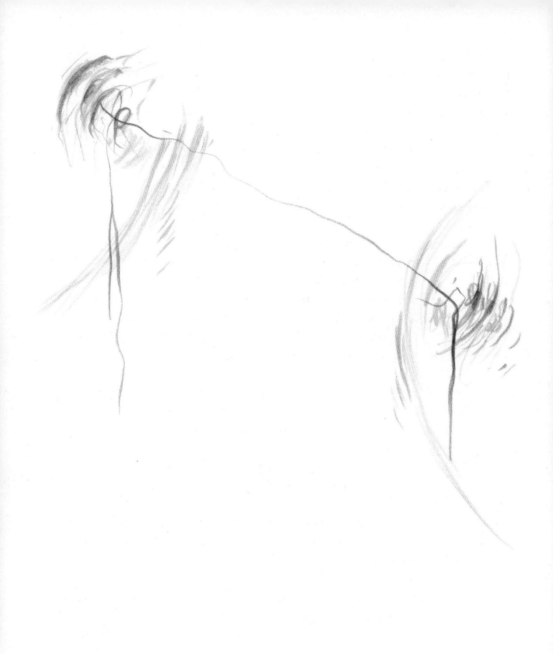

Wolfgang Müller
**Modellskizze zur Herstellung einer unsichtbaren
Vinylscheibe**

20 x 23 cm, Farbstift auf Papier, 2007

----

3. Wolfgang Müller
Wolfsburger Modell zur Herstellung einer unsichtbaren Vinylscheibe
Holz, Plattenspieler, Langspielplatten, 1980–2007

Die Tödliche Doris existierte von 1980 bis 1987. Sie stellte sich Zeit ihrer Existenz die Frage: Kann man etwas mit Klang und Geräusch machen, was keine Musik ist? Als Folge entstanden zahlreiche unmusikalische, außermusikalische und musikalische Werke.

1984 erschien als 4. Vinylplatte der Tödlichen Doris die LP **Unser Debut**. Musikalisches Thema dieser Produktion war der gerade einsetzende Drang vieler Bands aus dem sogenannten Independantbereich, aus der Punkszene und der um die „Genialen Dilletanten" (sic!) zum „Durchbruch", zum „kommerziellen Erfolg" und „Hit". Folglich sollte die Musik von **Unser Debut** „bemüht", „gewollt", „angestrengt", „ambitioniert", „aufdringlich", „ehrgeizig" und „kommerziell" klingen. **Unser Debut** verkörpert den Geist der U-Musik.

Das Pendant dazu erschien ein Jahr darauf. Die Vinylplatte **sechs**, das Gegenteil: „unkommerziell", „autonom", „esoterisch", „kunstvoll", „eigen". Die Vinylschallplatte **sechs** verkörpert den reinen Geist der E-Musik.

Tatsächlich aber wurde die Musik der beiden LPs im ATATAK-Studio in Düsseldorf im gleichen Zeitraum aufgenommen. Musik und Texte der jeweiligen Tracks der A- und B-Seiten beider LPs beziehen sich textlich und klanglich aufeinander. Die einzelnen Tracks sind bis auf die Sekunde gleich lang. Spielt man beide LPs zeitgleich mit den jeweiligen A- bzw. B-Seiten ab, entsteht **die erste unsichtbare Vinyl-Langspielplatte der Welt.**

Das Wolfsburger Modell zur Herstellung einer unsichtbaren Vinylscheibe besteht aus einem Holztisch mit zwei Plattenspielern, auf denen sich die A-Seiten von **sechs** und **Unser Debut** in einer gleichmäßigen Geschwindigkeit von 33 Umdrehungen pro Minute drehen. Die Gebrauchsanweisung zur Herstellung ist dem Plakat „Schmeißt die Krücken weg!" zu entnehmen.

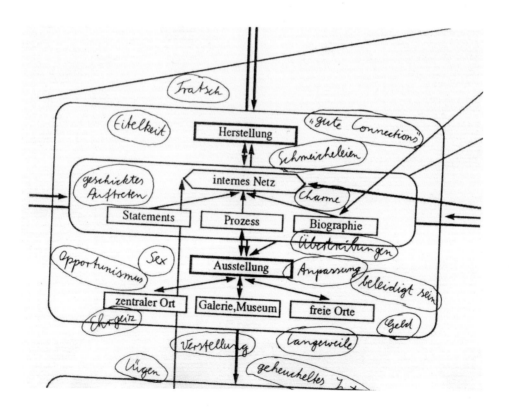

----

4. Wolfgang Müller
Quatsch mit Soße („Betriebssystem Kunst")
im Original: Tusche auf Papier, 29,5 x 21 cm, 1993
als Transparent 2007

Die Strukturen und den Prozess aufzuzeigen, nach denen das Betriebssystem Kunst funktioniert, war Thema einer geplanten Ausstellung des Berliner Kurators Thomas Wulffen im Jahr 1993. Durch eine Grafik versuchte der Kurator das System vom Material zum Werk eines Künstlers bis hin zur Ausstellung und Rezeption wiederzugeben.

„Quatsch mit Soße" versteht Wolfgang Müller nicht als Kommentar, sondern als die Ergänzung des Betriebssystems: „Sympathie oder Antipathie, ja selbst Körpergeruch, Tratsch oder devotes Auftreten spielen oft eine enorme, entscheidende Rolle beim Zustandekommen oder Nicht-Zustandekommen einer Ausstellung oder einer Rezension." Das Modell des Betriebssystems, so Wolfgang Müller, sei unvollständig und muss durch andere Systeme, beispielsweise „Quatsch mit Soße" ergänzt und erweitert werden. So erst wird es objektiver. Wolfgang Müller versah Kopien, auf denen sich das Betriebssystem Kunst befand, mit handschriftlich eingetragenen Worten, die Eigenschaften, Aktivitäten und andere Elemente benennen, die elementarer Teil des Kunstsystems sind.

----

5. Úlfur Hróðólfsson (Wolfgang Müller)
Elfenkindersandkasten
Acrylglas, Sand, 105 x 32,5 x 47,5 cm, 1996

Das Modell besteht aus Acrylglas und isländischem Sand. Der Künstler fertigte den Elfenkindersandkasten nach der Beschreibung der isländischen Elfenbeauftragten Erla Stefánsdóttir an. In der oberen Einlassung, dem eigentlichen Elfenkindersandkasten befindet sich grauer, vulkanischer Sand. Dieser stammt von der isländischen Küste nahe Höfn. Bei Befeuchtung wird er tiefschwarz. Zehn Stufen führen hoch zum Sandkasten. Nach den Angaben der Elfenbeauftragten, die während eines Interviews im Dezember 1995 aufgezeichnet und in der Frankfurter Rundschau Ausgabe vom 30.12.1995, Seite ZB 8 dokumentiert sind, hüpfen Elfenkinder über eine Treppe aus Bleikristall. Oben angelangt, formen sie aus schwarzen Sand Gebäck, Brot oder Burgen. Wie für die Kinder Islands, so steht auch für die Elfenkinder des Landes kein gelber, sondern ausschließlich vulkanischer schwarzer Sand zum Gestalten zur Verfügung.

Der Elfenkindersandkasten ist ein Werk des Künstlers Úlfur Hróðólfsson. Úlfur Hróðólfsson ist das isländische Alter Ego von Wolfgang Müller. Dieses entstand aus der Übersetzung des Namens in Isländische: Der Vorname Wolf(gang) wurde zu Úlfur. Der Nachname wird nach isländischer Tradition aus dem Vornamen des Vaters gebildet: Rudolf wird also zu Hrólf oder Hróðólf mit dem Suffix -son, also Sohn, zu Hróðólfsson. Alle Werke von Wolfgang Müller, die in Island entstanden sind, tragen die Signatur Úlfur Hróðólfsson.

Walther von Goethe Foundation

----

6. Úlfur Hróðólfsson (Wolfgang Müller)
Hringur
Silberring mit Gravur außen: Vogelwarte Helgoland Germany
und Nummer, Durchmesser 16 mm, 1997

Das Institut für Vogelforschung Wilhelmshaven, Vogelwarte Helgoland stellte
die Nummern 252 451 bis 252 473 (Ringgröße 2) für Wolfgang Müllers Werk
„Hringur" zur Verfügung. Mit den fortlaufend numerierten Ringen der Größe 2
werden von Ornithologen Rallenreiher (Ardeola ralloides), Krähenscharbe (Phala-
crocorax aristotelis), Auerhuhn (Tetrao urugallus) und Zwerggans (Anser erythro-
pus) beringt. Ringgröße 2 ist auch für den menschlichen Finger geeignet. Die
entsprechenden Originale aus Aluminium wurden vernichtet. Die originalgetreuen
Kopien aus Sterling Silber werden in limitierter Auflage angeboten.
Die Namen der Ringbesitzer werden bei der Vogelwarte Helgoland registriert. Im
Falle des Todes wird darum gebeten, den Ring mit genauen Angaben zu Ort und
Datum des Ablebens, einer kurzen Vita und einer Auflistung sämtlicher Reisen des
Ringträgers an die Vogelwarte Helgoland zu senden.

----

7. Wolfgang Müller
Das bedeutungslose Leben des Walther von Goethe und seine
vergessenen Kompositionen
Schellack, Buntstift, Bleistift, Feder auf Papier, 50 x 63
cm, 6-teilig, 2004.

Eva und ihre Kinder

*Einmal kam der allmächtige Gott zu Adam und Eva. Sie begrüßten ihn herzlich und zeigten ihm alles, was sie in ihrem Haus hatten. Sie zeigten ihm auch ihre Kinder und er fand sie sehr vielversprechend. Er fragte nun Eva, ob sie nicht noch mehr Kinder hätte, als die, welche sie ihm gezeigt. Sie sagte: „Nein."
Es war aber so, daß Eva einige der Kinder noch nicht gewaschen hatte; deshalb schämte sie sich und wollte nicht, daß Gott sie sähe. Aus diesem Grund versteckte sie sie. Das wusste Gott und sagte: „Was vor mir verborgen wird, soll auch den Menschen verborgen sein."*

Diese Kinder wurden jetzt den Menschen unsichtbar und wohnten in Bergen und Hügeln, Felsen und Steinen. Von ihnen stammen die Elfen ab, die Menschen aber stammten von den Kindern Evas ab, die sie Gott zeigte. Die Menschen können nie die Elfen sehen, es sei denn, diese wollen es selber, denn sie können die Menschen sehen und sich den Menschen sichtbar machen.
(Jón Árnason, Íslenzkar Þjóðsögur og Æfintýri: Huldamanna saga, Nach der Volkserzählung in Borgarfjörður/Island; Leipzig 1862-64).

Die ungleichen Kinder Evas

Als Adam und Eva aus dem Paradies vertrieben waren, mussten sie sich auf unfruchtbarer Erde ein Haus bauen und im Schweiße ihres Angesichts ihr Brot essen. Adam hackte das Feld und Eva spann Wolle. Eva brachte jedes Jahr ein Kind zur Welt; die Kinder waren aber ungleich, einige schön, andere hässlich. Eines Tages sandte Gott einen Engel und lies ausrichten, dass er kommen und ihren Haushalt schauen wollte. Eva freute sich und säuberte ihr Haus und schmückte es mit Blumen. Dann holte sie ihre Kinder herbei, aber nur die schönen. Sie wusch und badete sie, kämmte ihnen die Haare, legte ihnen neugewaschene Kleider an und ermahnte sie, sich in der Gegenwart des Herrn anständig und züchtig zu betragen. Die hässlichen Kinder aber sollten sich nicht sehen lassen und Eva versteckte sie. Eben war sie fertig, als es an der Tür klopfte. Die schönen Kinder standen in einer Reihe und der Herr fing an sie zu segnen. Er legte auf den ersten seine Hände und sprach: „Du sollst ein gewaltiger König werden," ebenso zu dem zweiten: „du ein Fürst", zu dem dritten: „du ein Graf", zu dem vierten: „du ein Ritter", zu dem fünften: „Du ein Kaufmann." Als Eva sah, dass der Herr so mild und gnädig war, dachte sie: „Ich will meine ungestalten Kinder herbeiholen, vielleicht gibt er auch ihnen seinen Segen." Sie holte die ganze grobe, schmutzige und rußige Schar. Der Herr lächelte und sprach: „Auch diese will ich segnen." Er legte auf den ersten seine Hände und sprach zu ihm: „Du sollst werden ein Bauer", zu dem zweiten: „Du ein Fischer", zu dem dritten: „Du ein Schmied", zu dem vierten: „Du ein Schuhmacher", zu dem fünften: „Du ein Töpfer." Als Eva das gehört hatte, sagte sie: „Herr, wie teilst du deinen Segen so ungleich! Es sind doch alle meine Kinder, die ich geboren habe: deine Gnade sollte über alle gleich ergehen." Gott aber erwiderte: „Eva, das verstehst du nicht. Wenn sie alle Fürsten und Herren wären, wer sollte Korn bauen, dreschen, mahlen und backen? Wer schmieden, weben, zimmern, bauen, graben, schneiden und nähen? Jeder soll seinen Stand vertreten, dass einer den anderen erhalte und alle ernährt werden wie am Leib die Glieder." Da antwortete Eva: „Ach Herr, vergib', ich war zu rasch, dass ich dir einredete. Dein göttlicher Wille geschehe auch an meinen Kindern."
(Jacob und Wilhelm Grimm, Die ungleichen Kinder Evas, Kinder- und Hausmärchen, Göttingen 1843)

Wolfgang Müller
Elfengebärde/Álfalátbragd

gefertigt aus nordisländischen Riesenkieseln, versehen mit der Gravur des Wortes Elfe/álfar in isländischer Gebärdensprache, 2000

----

8. Wolfgang Müller eða Úlfur Hróðólfsson
Huldamanna saga und Evas ungleiche Kinder
Video, 12:39, Deutschland-Island 2000

„Der (im)perfekte Mensch" war Titel einer Ausstellung, die im Jahr 2000–2001 anlässlich der Umbenennung der „Aktion Sorgenkind" in „Aktion Mensch" im Hygienemuseum in Dresden und 2002 im Gropiusbau in Berlin stattfand. Die Videoarbeit basiert auf einem Konzept, das Wolfgang Müller für den Raum Hören/ Nichthören der Ausstellung realisierte.

„Beide Märchen sind im Ursprung sehr ähnlich, in der Handlungsfolge und den Rollenverteilungen aber völlig anders. Das isländische Märchen „Huldamanna-saga", aufgezeichnet von Jón Arnason ist eine Art Elfen-Genesis, die von dem Isländer Þorhallur Arnarsson in isländischer Gebärdensprache (Íslensk Taknmál) vorgetragen wurde. Das deutsche Märchen „Evas ungleiche Kinder" stammt von Jacob Grimm und wird in deutscher Gebärdensprache (DGS) von Thomas Zander vorgetragen. Ganz deutlich sind die Gemeinsamkeiten der beiden Märchen erkennbar. Darüber hinaus zeigen sie viel über die Struktur der deutschen und isländischen Gesellschaft und etwas über die Entwicklung zweier unterschiedlicher Gebärdensprachkulturen.
Wichtig war mir, dass in diesem Video nun die Hörenden gegenüber den Gehörlosen benachteiligt sind: Sie müssen Untertitel lesen und Kopfhörer aufsetzen, um überhaupt etwas zu verstehen. Die einzigen, die nicht ausgeschlossen werden, beziehungsweise keine Hilfsmittel benötigen, sind diejenigen, die sowohl deutsche wie auch isländische Gebärdensprache beherrschen. Der Vorteil für Hörende: sie bekommen eine Ahnung davon, wie es ist, von der Kommunikation ausgeschlossen zu sein. Das ist nämlich gelegentlich das Handikap der Gehörlosen und nicht etwa die Gehörlosigkeit."

(Wolfgang Müller im Gespräch mit Martin Schmitz, Berlin 23.5.2001)

00354-5528123

----

9. Wolfgang Müller

00354-5528123

das isländische Telefonbuch im Schuber mit Aufdruck und
Beiheft

Multiple, Auflage 3 Exemplare, hybriden Verlag 2006

Im März 1998 schloss die damalige Bundesregierung unter Kanzler Kohl aus
angeblichen Kostengründen das einzige Goethe-Institut in Island. Im August des
gleichen Jahres eröffnete Wolfgang Müller im Nýlistasafnið, dem Living Art
Museum in Reykjavík das erste „private Goethe-Institut der Welt" (Der SPIEGEL
32/1998). Unterrichtsfächer des Nachfolgers waren Elfen-, Zwergen- und Sexual-
kunde. Im neuen Institut konnte Müller auf die Telefonnummer des staatlichen
Institutes zurückgreifen, welches nach dreimonatiger Sperre seit Abmeldung im
März nun wieder zugänglich war. Eine Telefonleitung mit der Nummer 00354-
551 60 61 wurde ins Museum verlegt und der Anschluss in Betrieb genommen.
Ein Vertreter der Zentrale des Goethe-Institute in München bezeichnete auf Nach-
frage des SPIEGEL das „private Goethe-Institut" als „originelle Idee". Diese
mache auf künstlerische Weise auf die „Finanzierungsprobleme der Institution
aufmerksam".

Drei Jahre später, im März 2001 sandte die Rechtsabteilung der Goethe-Instituts
Zentrale München Wolfgang Müller eine Unterlassungsverpflichtungserklärung
und eine Schadensersatzdrohung. Zukünftig dürfe sich der Unterzeichner nicht
mehr als Leiter eines staatlichen oder privaten Goethe-Institutes bezeichnen. Für
jeden Fall der Zuwiderhandlung wäre eine hohe Geldstrafe zu entrichten. Um das
unter finanziellen Problemen leidende Goethe-Institut nicht mit einem Prozess
gegen ihn zu belasten, bot Wolfgang Müller an, das Kunstprojekt „privates Goethe-
Institut" nach dem letzten Goethe-Enkel, den Kammerherr und Komponisten in
„Walther von Goethe Foundation" umzubenennen und unterzeichnete gehorsam
die Unterlassungsverpflichtungserklärung.

Wolfgang Müller wurde so Präsident der Walther von Goethe Foundation und
erwarb bei einer Buchauktion im Herbst 2001 die Erstausgabe von Goethes Werk
„Der Versuch die Metamorphose der Pflanzen zu erklären" aus dem Jahr 1790.
Anschließend gab er eine isländische Erstübersetzung beim Isländischlektor der
Universität Wien, Jón Bjarni Atlason in Auftrag. Diese wurde mitsamt des deutschen
Originaltextes als Taschenbuch in der Reihe „Schriften der Walther von Goethe
Foundation" in einer Auflage von tausend Exemplaren veröffentlicht. Zur Zeit der
Drucklegung des vorliegenden Ausstellungsführers sind von der Metamorphose der
Pflanzen in isländischer Erstübersetzung 231 Exemplare in Island verkauft worden.

Wäre das Buch ebenso erfolgreich in Deutschland gewesen, hätten hier über 60.000 Exemplare abgesetzt werden müssen.

Vorgestellt wurden die Übersetzung und die zweisprachige Buchausgabe in der Ausstellung „Kalanchoe pinnata/Brutblatt" im Nýlistasafnið Reykjavík. Zuvor hatte Wolfgang Müller bei der isländischen Post einen Telefonanschluss auf den Namen Úlfur Hróðólfsson bestellt. „Ob es die Person gibt oder nicht, ist mir völlig egal," sagte die Beamtin bei der Telefongesellschaft. „Der Anschluss auf den Namen kostet 5.000 isländische Kronen. Das wäre auch schon alles." Island bietet die einzigartige Möglichkeit zur Erschaffung neuer Identitäten.

Während im isländischen Telefonbuch von 2002 bereits der Name Úlfur Hróðólfsson und die dazu gehörige Telefonnummer zu finden war, wurde ein Anschluss ins Nýlistasafnið verlegt. In der Ausstellung lief als fortlaufender Text eine Projektion von Goethes erster naturwissenschaftlicher Arbeit in isländischer Sprache. Ein unter einem Glassturz auf einem Sockel platziertes Telefon klingelte gelegentlich. Es war unter der Nummer 00354-5528123 anwählbar.

Bei jedem Anruf schaltete sich ein Anrufbeantworter ein und es ertönte die deutsch-isländische Ansage: Die Kunst muss sich wieder mit dem Leben austauschen. Bitte sprechen Sie jetzt! / Listin þarf aftur að fara að tala i gegnum lifíd. Talið núna!

Wolfgang Müller
Buchcover von Goethes Werk „Der Versuch die Metamorphose der Pflanzen zu erklären" in isländischer Erstübersetzung durch Jón Atlason

mit der Arbeit Gnocca per cinciallegre (Meisenknödel) Bronze, signiert und numeriert auf dem Cover
Büro Neapel, 2002

```
- - - - - - - - - - - - - - - - - - - - - - - - - - - -
10. Wolfgang Müller
AT: Das Tunken/71 Tunkbilder
Lack auf Pappe, 1991/2007
- - - - - - - - - - - - - - - - - - - - - - - - - - - -
```

(...) gerne würde ich die Ausstellung in Wolfsburg zum Anlass nehmen, eine Idee zu realisieren, die ich 1991 entwickelt, aber seinerzeit nur im Modellversuch und da auch nur ansatzweise durchgeführt habe. Damals hatte ich keine Lust mehr, Bilder zu malen und überlegte mir, ob es nicht andere Ausdrucksformen gibt, die besser zu mir passen könnten. Natürlich kannte ich Jackson Pollocks Werke, die er durch „dripping" erschuf, indem er in bewegten Gesten über große Flächen Farben träufelte. Diese Technik wird in der Modernen Kunstgeschichte als „radikaler Bruch mit der traditionellen, akademischen Malweise" bezeichnet. Das nachzumachen wäre natürlich dumm. Etwas originelles, neuartiges sollte es schon sein. Ich ging in das Café Mocca, bestellte warme Waffeln mit Kaffee und dachte an die vielen Techniken, die Künstler bisher erfunden hatten und mit denen sie neue Möglichkeiten schufen: Collage, Decollage, Assemblage, Frottage, Schimmelbilder – alle möglichen künstlerischen Techniken schwirrten mir durch den Kopf. Gedankenvergessen tunkte ich die Waffel in den Kaffee und wollte davon abbeißen. Doch genau, als ich sie direkt vor meinen Mund führte, senkte ich meinen Blick und mir fiel mir auf, dass die hellbraune Waffel, dort, wo sie hineingetunkt gewesen, dunkelbraun geworden war. Ich dachte an den dunkelgrauen Strand in Island, der pechschwarz wird, wenn Wasser über ihn schwappt und an das Gebäck, das mit weißer oder schwarzer Tunke überzogen ist, der sogenannte Amerikaner. Und an die Autos im Volkswagenwerk, die zur Färbung in Behälter mit verschiedenen Farben getunkt werden.
So fiel mir fast zufällig eine Technik zu, die – soweit ich weiß – in der Kunstgeschichte bisher namenlos ist: Das Tunken. Vielleicht klingt es zu banal oder – weil es oft mit Keksen oder Croissants assoziiert wird, die in Kaffee getaucht werden – zu geziert. Oder das Tunken liegt einfach zu nah an Wörtern wie Unke, unken oder Tunte.

Auf jeden Fall werde ich für den Kunstverein Wolfsburg eine Serie Tunkbilder herstellen. Sie werden die alte Lücke in meinem Werksverzeichnis schließen, die zwischen Nummer 474 bis 345 besteht. Zum Tunken, dem Dipping benötige ich lediglich ein mit flüssiger Farbe, am besten gewöhnlichem Acryllack gefülltes Gefäß und ein paar Pappen oder Leinwände. Die Tunkbilder werde ich an Ort und Stelle mit meinem isländischen Assistenten Hrafnkell herstellen, in einer Ecke hinter dem Videoraum. Wenn noch etwas vom Budget da ist, wäre eine kleine extra Einladungskarte nicht schlecht: Tunkbilder/ Dipping Art – Tunten Eintritt frei.

```
(Berlin 8. Februar 2007, Mail von Wolfgang Müller an Justin Hoffmann und
Anne Kersten, Kunstverein Wolfsburg)
```

—
Ausstellungsführer
Wolfgang Müller

—

Die Tödliche Doris

—

Biografie

Der Film mit dem höchsten Ewigkeitswert von Die Tödliche Doris. Aus vielen Gründen in Deutschland anstößig. Doch wenn der Schock verflogen ist, bleibt die umwerfend einfache Metapher einer unbewussten Kinderseele. Ein Meisterwerk!
(New Musical Express, London 8.10.1983)

Das Hakenkreuz macht aus dem Hauptdarsteller der Super-8-Produktion noch keinen Nazi, denn Oskar Dimitroff war zur Drehzeit erst zweieinhalb Jahre alt. Er konnte gerade laufen.
(Szene Hamburg 5/1983)

„Das Leben des Sid Vicious" schildert das Punk-Idiom besser als Tausende von Wegwerfprodukte, die erschienen sind, seitdem es Punk gibt.
(Dave Henderson in SOUNDS, London 7/1983)

Dies ist der unwiderstehlichste und unheimlichste Film, den ich je gesehen habe. Ganz gezielt nimmt er „dem Kind" die Dreieinigkeit des primitiven, mystischen und kindlichen, die seit der Aufklärung bis zur Moderne immer heilig war. Gleichzeitig straft er die genialen Ausbeuter der populären Kultur wie McLaren Lügen. Und er legt in seiner Gewaltdarstellung die unverschämte und bösartige Banalität des Alltags frei, die im Schatten der Medien existiert: unser perfektes Bild einer Gesellschaft, dem Schauspiel, in dem wir „leben".
(Keith J. Sanborn, Super-8 Berlin, the architecture of division, October 1983, Buffalo, New York)

Der Film dokumentiert den berühmten Gang des Punkrock-Idols Sid Vicious durch Paris: das große Hakenkreuz auf der Brust. Der zweijährige Oskar läuft mit dem Hakenkreuztabu durch eine Berliner Straße: er krächzt vor Vergnügen. Damit sind weder die Punks noch die Antifaschisten zufrieden: beide sind gegen das Vergnügen – gegen Oskar. Dass der Tödlichen Doris diese Koalition gelungen ist, war mir wiederum ein Vergnügen.
(Dietrich Kuhlbrodt, Frankfurter Rundschau 16.3.1982)

11. Die Tödliche Doris
Das Leben des Sid Vicious
Super-8-Film, 1981

In zehneinhalb Minuten beschreibt der Super-Film das kurze Leben des 1957 geborenen Sid Vicious, der ein Mitglied der englischen Punkgruppe Sex Pistols war. Er gilt als der personifizierte Punk schlechthin.

Sid Vicious begann 1977 mit Nancy Spungen, einem heroinsüchtigen Groupie eine innige und tiefe Beziehung. Diese war aber auch oft geprägt von körperlicher Gewalt. Im Oktober 1978 fand man Nancy Spungen erstochen neben dem unter Drogen stehenden Sid Vicious in einem Zimmer im Chelsea Hotel in New York City auf – er wurde wegen Mordverdachts festgenommen und gegen eine Kaution von 50.000 US-Dollar im Februar 1979 auf freien Fuß gesetzt. Nach einem Drogenentzug im Gefängnis war er „clean", setzte sich jedoch bei einer Party zur Feier seiner Freilassung eine Überdosis und starb am 2. Februar 1979 in New York.

Ein Jahr später wurde „Das Leben des Sid Vicious" nach dem Drehbuch von Max Müller und Nikolaus Utermöhlen verfilmt und 1981 für die Filmreihe der Tödlichen Doris fertiggestellt. Darsteller von Sid Vicious war Oskar Dimitroff (3), der Sohn der damaligen Schlagzeugerin der Tödlichen Doris Dagmar Dimitroff. Als Nancy Spungen trat Angie (7), die Tochter einer Freundin von Dagmar Dimitroff auf.

–

```
-------------------------------
```
12. Wolfgang Müller/Nikolaus Utermöhlen
Material für die Nachkriegszeit
Rekonstruierte Fotomatonfotos und Super-8 Film, 1979-1980
```
-------------------------------
```

Fotoportraits unbekannter Menschen, die von diesen zerrissen, zerknüllt und neben Fotomatonautomaten und Abfallkörben in Westberliner U-Bahnhöfen weggeworfen wurden, sind von 1979–1980 von Wolfgang Müller und Nikolaus Utermöhlen gesammelt und rekonstruiert worden. Im Super-8-Film **Material für die Nachkriegszeit** wird der ursprüngliche Bewegungsablauf der Portraitierten im Fotomatonautomaten rekonstruiert.

Die Originalfotos dieses Filmes sind ein Gemeinschaftswerk von Wolfgang Müller und Nikolaus Utermöhlen. Die Arbeit wurde 1982 von Klaus Hoffmann für die Sammlung der Städtischen Galerie Wolfsburg erworben. Der Film lief 1982 im Musée d'Art Moderne anlässlich der Biennale de Paris.

```
-------------------------------
```
13. Die Tödliche Doris
Tapete
Super-8-Film, 1984
```
-------------------------------
```

In langsamen Bewegungen und Schwenks fährt die Kamera diverse Tapeten eines Tapetenmusterkataloges ab. Dieser stammt aus dem Jahr 1984. Die Maske vor der Kamera macht aus dem Film einen Super-8-Breitleinwandfilm. Der Film „Tapete" wurde speziell für die Breitleinwand des Delphi-Kinos in Berlin konzipiert. Dort fand die Uraufführung des Filmes im Rahmen der Ausstellung „Der Hang zum Gesamtkunstwerk" von Harald Szeemann 1984 statt.

Die Seiten von Tapetenmusterkatalogen bestehen aus unterschiedlichen Tapeten. Sie dokumentieren den jeweiligen Zeitgeschmack. Tapeten bedecken weiße Flächen. An den Wänden in unseren Wohnungen verkleiden Tapeten die Wände. Unsere Augen streifen an diesen Tapeten vorbei und der Kopf füllt sich mehr und mehr mit unbewusst aufgenommenen und gespeicherten Tapetenmustern.

Genauso funktionieren auch Filme. Sie verkleiden die einzige weiße, leere Fläche im Kino mit Mustern und Strukturen, die durch die Kamerafahrt bewegt werden. Filme sind bewegte Tapeten.

```
-----------------------------------
```
14. Die Tödliche Doris:
fliegt schnell laut summend
Super-8-Film, 1981
```
-----------------------------------
```

Ein kleinwüchsiger Mann im langen Mantel durcheilt die winterliche, verschneite Stadt. Im Off erklingen seine Gedanken, romantische Gedichte. Schließlich erreicht er ein Wäldchen, entpuppt sich zwischen verschneiten Birken, tanzt nackt im Schnee. Doch die Befreiung währt nur kurz. Erschöpft schlüpft er wieder in seine alte Hülle zurück. Er kehrt heim, so wie er gekommen war.

```
-----------------------------------
```
15. Die Tödliche Doris
Open-Air Helgoland, 83
Super-8-Film, 1983
```
-----------------------------------
```

Das erste Open-Air-Konzert der Tödlichen Doris. Ort des Konzertes ist ein Fels in der Nordsee, der wie kein anderer mit deutscher Geschichte, ihren Symbolen und Stereotypen befrachtet ist. Organisiert im Rahmen einer sogenannten „Butterfahrt" von Westberlin ausgehend nach Büsum, setzt das Schiff „Funny Girl" Die Tödliche Doris und die Mitreisenden nach Helgoland über. Auf dem Oberland der Insel musizieren Käthe Kruse, Wolfgang Müller, Tabea Blumenschein und Nikolaus Utermöhlen vor den umherlaufenden Touristen, einigen zufällig anwesenden Insulanern und zweiunddreißig Mitreisenden.

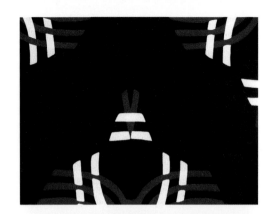

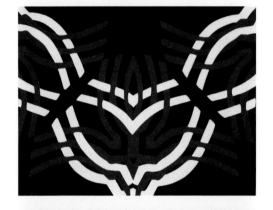

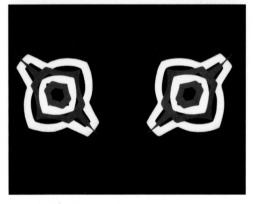

16. Die Tödliche Doris
GRÖSSTER, ZUERST, DA

aus der Serie „Die Gesamtheit allen Lebens und alles
Darüberhinausgehende", Lack auf Nessel, 100 x 130 cm, 1985

Monatelang hatten wir an 44 Bildern gemalt, die einen Bewegungsablauf markieren, der in seine Einzelteile zerlegt ist. Das Leben, die Bewegung selbst sind unsichtbar, sind zwischen den Bildern oder im Sprung von Bild zu Bild anwesend. Die kaleidoskopartige Bilderserie nannten wir „Die Gesamtheit des Lebens und alles Darüberhinausgehende." Ursprung der Serie war ein namenloser Super-8 Film, ein sogenannter Szenentrenner, der im Fotogeschäft zu erwerben war. Der Designer dieser Filmbilder blieb anonym, der Filmstreifen hatte lediglich die Funktion Szenen im Super-8-Film zu trennen. Es ist der kürzeste und letzte S-8-Film von Die Tödliche Doris.

Bewegung und Leben entstehen aus Zusammenhängen und dem Zusammenwirken verschiedener, nicht immer miteinander verträglicher oder kommunizierender Elemente. Deshalb wollten wir die gemalten Bilder der Folge unbedingt einzeln verkaufen. Wir stellten uns vor, wie ein Gemälde in der Wohnung eines Kettenrauchers allmählich vergilbt, eine dunkle Teerschicht annimmt oder in einer anderen Wohnung durch grelle Sonnenbestrahlung ausbleicht und verblasst. Vielleicht würde ein Bild auch spurlos verschwinden, verbrennen oder von einer Wahnsinnigen zerfetzt werden. Möglichst viele individuelle Ereignisse an verschiedensten Orten könnten erst annähernd die Möglichkeiten erfassen, die Vielfalt herstellen, die das Leben so hergibt. Abbildungen einzelner Gemälde lancierten wir in die Einrichtungszeitschrift *Schöner Wohnen*, ins Aachener Punkfanzine *Bierfront* und in den *Katalog der documenta 8*, an der Die Tödliche Doris 1987 teilnahm. Eine möglichst breite Streuung war uns wichtig. Und so sandten wir auch ein Foto an die *Zeitschrift Für Alles/Tímarit fyrir allt* des Künstlers Dieter Roth. Sie ging nach wenigen Nummern wegen der Masse an Einsendungen von künstlerisch tätigen Menschen ein, da für Dieter Roth nicht mehr finanzierbar. Das Foto eines der Gemälde hatten wir an einen Begleitbrief geheftet, in dem unsere Pressereferentin Frau Monika Reich ernst und sachlich darum bat, die Redaktion möge es doch bitte etwas aufhellen, das Format um zwei Zentimeter vergrößern und einige andere Anweisungen beachten, um die Arbeit ansprechend zu repräsentieren zu können. Eigentlich war dieser Brief Bestandteil des Beitrages und ironisch gemeint. Frau Reich erhielt bald einen freundlichen Brief von der Redakteurin Barbara Wien, in sie ihr mitteilte, dass die Beiträge in der *Zeitschrift Für Alles* leider nur so publiziert werden könnten, wie sie eingeliefert würden. Alles wurde also doch nicht veröffentlicht." (aus: Wolfgang Müller: PUNK, in Die Tödliche Doris – KINO, Martin Schmitz Verlag 2004)

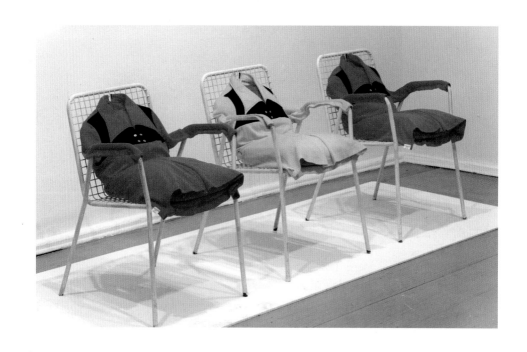

----

17. Die Tödliche Doris
Sesselgruppe Kleid
(dreiteilig), Stühle, Kleider, Kissen, 1991

Die Kostüme, Relikte und Überbleibsel der Tödlichen Doris Show „Noch 14 Vorstellungen" werden nach Gebrauch zu nutzlosen Kunstobjekten. Die „Sesselgruppe Kleid" besteht aus zwei roten und einem gelben Kleidchen, die einen Stuhl polstern.

Während die roten Kleider bei den männlichen Bandmitgliedern Wolfgang Müller und Nikolaus Utermöhlen während der Bühnenshow noch als Hemd erschienen, da sie in die Hosen gestopft waren, war das gelbe von Käthe Kruse als Kleid identifizierbar. Sie trug keine Hose. Nach jedem Song wechselten die Bandmitglieder die Garderobe, indem sie Teile davon auszogen. Neue Kleidungsstücke kamen darunter zum Vorschein. Beim Ausziehen der Hosen nach dem Song „Unser Debut" wurde sichtbar, dass sich darunter jeweils ein rotes Kleidchen verbarg.

----

18. Die Tödliche Doris:
Lampe Slip
(dreiteiliges Objekt, hängend), 1991

Ein Kleidungsstück der Show „Noch 14 Vorstellungen" besteht aus Knabenslips der 70er Jahre. Die drei Exemplare wurden für die Show auf Flohmärkten aufgespürt. Heute sind sie zu Lampen geworden.

(Sammlung Schwules Museum, Berlin)

19. Die Tödliche Doris
Doubles
(8 Teile) Teppich, Rasseln,
Moosi, Stoff, Pfauenfedern, 1992

Achtung, Achtung! Wir spielen jetzt Unterhaltungsmusik von euren Schallplatten!
Rückkoppelung mit Bärbel Beier 23. Mai 1986, Filmton-Festival, Kaserne Basel.

Die Tödliche Doris hatte wie seinerzeit die meisten Bands, keinen festengagierten Techniker für das Mischpult. Dieser wurde vom örtlichen Veranstalter gestellt. Es war immer eine Überraschung, wen die Veranstalter gerade engagiert hatten. Einige der Tontechniker waren freundlich und kooperativ, andere überlaunig und unwillig. Doch eines stand immer fest: Am Mischpult saß ein Mann. Meist war dieser gleichzeitig der Eigentümer des von ihm bedienten Gerätes. Das Mischpult, also dort, wo die Klänge der verschiedenen Instrumente von der Bühne zusammenlaufen, um anschließend über die Verstärker zu den Boxen zu gelangen, ist ein Machtzentrum. Mit Knöpfen, Schaltern und Hebeln.

Der Mann am Mischpult kann entscheiden, wie laut oder wie leise ein Instrument ertönt, wie es klingt und ob es überhaupt zu hören ist. Während der gesamten Existenz von Die Tödliche Doris von 1980 bis 1987 erwarteten uns am Mischpult in Europa, in Japan und den USA ausschließlich Männer.

Mochte oder verstand nun der Mann am Mischpult die Musik der Tödlichen Doris nicht, so würde er sein Missfallen oder sein Unverständnis entsprechend ausdrücken. Es konnte also geschehen, dass er versuchte - durchaus in bester Absicht – die Musik dem anzugleichen, was er selbst für „gute Musik" hielt. Oder er ließ seiner Abneigung freie Bahn: der Klang verrohte und dümpelte dahin, die Stimme oder das Schlagzeug wurden abgedreht, alles zerfloss zu Brei. Oder er verschönte etwas, was nicht schön sein sollte beziehungsweise wollte.

Es schien seinerzeit keine einzige Frau zu existieren, die als Mixerin am Mischpult arbeitete. Bärbel Beier arbeitete als Kellnerin in der Kreuzberger „Milchbar". Dort mixte sie vor allem Cocktails und Milchshakes. Es war aber bekannt, dass Bärbel sich für die noch nicht so verbreitete Computertechnik und technisches Gerät allgemein interessierte. Ob sie sich vorstellen könne, unser Konzert in Basel zu mixen? fragte ich an. Bärbel zeigte sich interessiert, schränkte aber ein, dass sie bislang keinerlei Erfahrung mit der Bedienung eines Mischpults habe. Bei einem ihrer Freunde, Ian, könne sie aber die Arbeit am Mischpult erlernen. Ian hätte ein Mischpult. Bärbel schaute ihm zwei Wochen über die Schulter und lernte so das Gerät kennen und bedienen.

Am Konzertort eilte sofort der fassungslose Eigentümer des Mischpultes heran, um Bärbel den Umgang mit dem Gerät zu erklären. Eine sinnlose Hilfsbereitschaft, denn Bärbel hatte sich in kürzester Zeit professionell in die Materie eingearbeitet. Weder gab es Rückkopplungen oder ungewollte Nebengeräusche. Die Sirenengesänge der Tödlichen Doris klangen nie besser.

Doch sollten die Überlegungen um die geschlechtsspezifische Zuordnung des Mischpults und seine Inszenierung als zivilisatorische Errungenschaft unter männlicher Kontrolle in das Musik- und Bühnenprogramm mit einfließen. Dieses trug den Titel „Noch 14 Vorstellungen", wobei jeder Auftritt gezählt wurde, so dass schließlich der letzte „Noch 0 Vorstellungen" heißen würde.

Die Vorstellung in Basel nannte sich „Noch 5 Vorstellungen". Im Programm gab es eine Szene, wo Die Tödliche Doris-Mitglieder in der Besetzung Käthe Kruse, Nikolaus Utermöhlen und Wolfgang Müller nach einem sehr ruhigen und stilisierten Musikpart plötzlich unvermittelt ihre braunen Umhänge und ihre langen Röhrenhüte abwerfen. Darunter kommen mit silbernen Fransen und Borten verzierte Slips

ACHTUNG ACHTUNG! Wir spielen euch jetzt Unterhaltungsmusik von euren Schallplatten!
Nikolaus Utermöhlen (links), Wolfgang Müller (rechts) in „Noch 2 Vorstellungen", kurz vor dem
Abwerfen ihrer Röhrenhüte und Umhänge. Bereits sichtbar: der Pfauenfederschmuck (a) und eine
Rassel (b). Fotografiert von Zbigniew N. Laskoski auf dem „Carrot-Festival" in Warschau, Hala
Gwardii am 27. März 1987. Das Carrot-Festival war das erste polnische Musikfestival mit unab-
hängigen, experimentellen Bands aus West- und Ostblock.

*und Oberteile zum Vorschein und am Kopf eine Pfauenfeder, die in einen Moosipöppel gesteckt ist. Unmittelbar bücken sich die Akteure, blitzschnell, ergreifen je zwei am Boden liegende Rasseln, schwingen diese in die Höhe, bewegen sie im Rhythmus und rufen gleichzeitig: **Achtung, Achtung! Wir spielen jetzt Unterhaltungsmusik von euren Schallplatten!***

Im gleichen Augenblick, in dem wir unsere Capes auf der Bühne abwerfen, springt auch Bärbel Beier vom Stuhl, reißt sich ihre Kleidung hinter dem Mischpult vom Körper. Darunter kommt das gleiche Bühnenoutfit zum Vorschein wie auf der Bühne: Slip und Oberteil mit silbernen Fransen. Auch Bärbel bückt sich blitzschnell, setzt einen Pfauenfederpöppel auf den Kopf und greift zwei Rasseln, um sie euphorisiert im Rhythmus der Musik zu schwingen. Sogleich erklingt eine hässliche, ohrenschmerzende Rückkoppelung. Diese war zuvor auf Tape aufgenommen worden, läuft nun „live" vom Mischpult ab und verbreitet sich von dort aus bis zu den Lautsprecherboxen.

Bärbel Beier spielt das stereotype Bild der Frau, die im Banne überwältigender Emotion ihre Kontrolle verliert und sich dem Rausch der Musik hingibt: Die Frau am Mischpult.

Wenn die Frau den ihr zugewiesenen Platz verlässt, Geschlechterrollen überschreitet, indem sie sich an der unter männlicher Kontrolle stehenden Technik vergreift, verliert sie nicht nur ihren Status als aufgeklärte, zivilisierte, weiße Frau, sondern reißt damit alles in den Untergang.

Während sich einige Zuschauer die Ohren zuhielten, um die Rückkoppelungen nicht hören zu müssen, scharrte sich ein Pulk von Fotografen um die Tontechnikerin in vermeintlicher Ekstase. Um sie herum ein Blitzlichtgewitter. Nach der Show sprachen wir in der Garderobe über diese Inszenierung. Plötzlich waren wir uns nicht mehr sicher, ob das von uns dargestellte Stereotyp überhaupt irgendwie entchiffriert worden war. Bärbel meinte: „Einige dachten sicher, das ist der Beweis: eine Frau am Mischpult reagiert eben doch anders wie ein Mann."

Nach der letzten Vorstellung des Programms am 3. Juli 1987 an der TU Aachen wurden die Bühnenrasseln in zurechtgeschnittene Teppichstücke mit den Unterseiten nach außen so eingerollt, dass sie wie große Schmetterlingslarven aussahen. Um ihre Körper befindet sich je ein Showpöppel mit Pfauenfeder, der auf unseren Köpfen saß, als wir die „Unterhaltungsmusik von euren Schallplatten" spielten. Es sind Larven, in denen die Klänge ruhen. An den Enden der Teppiche befindet sich je ein Gummistempel mit der Inschrift: Double. Die Doubles ähneln sich und sind doch alle etwas anders. Es scheint so zu sein, dass jeder von ihnen so sein möchte, wie die anderen und niemand ist das Original.
(Wolfgang Müller im Gespräch mit Martin Schmitz 4.2.2007)

Wolfgang Müller, geb. 1957 in Wolfsburg,
lebt seit 1979 in Berlin.
Als Úlfur Hróðólfsson ist er seit 1990
regelmäßig in Reykjavík anzutreffen.
Er ist als Autor, Musiker und
Künstler tätig.

Auswahl der Veröffentlichungen:
„Geniale Dilletanten", Merve-Verlag 1982
„BAT", LP und Buch, Ultraschallecholaute einheimischer Fledermäuse,
Doris-Platten und Martin Schmitz Verlag 1987
„BLUE TIT – das deutsch-isländische Blaumeisenbuch",
Martin Schmitz Verlag 1997
Die Tödliche Doris – KUNST, Martin Schmitz Verlag 1999
„Mit Wittenstein in Krisuvík", CD bei A-Musik, 2002
Die Tödliche Doris – KINO, Martin Schmitz Verlag 2004
Neue Nordwelt, Verbrecher-Verlag 2005
„Gehörlose Musik", DVD bei Edition kroethenhayn 2006
„Neues von der Elfenfront – Die Wahrheit über Island"
suhrkamp Verlag 2007

Ausführliche Biographie:
www.wolfgangmueller.net und www.die-toedliche-doris.de

**Ausstellungsführer
Max Müller**

—

Biografie

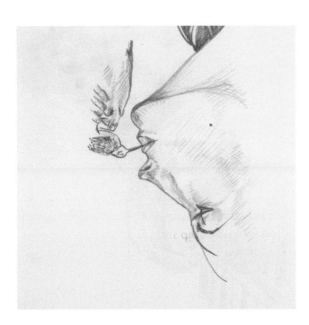

----

1. Frau mit Vogel

Eine Frau schürzt ihre Lippen zum Kuss mit einem Watvogel, der auf ihrer Hand sitzt. Ihre Oberlippe berührt die Schnabelspitze des Vogels. Ihre Augen sind geschlossen und ihr Kinn ist nach oben gereckt.

----

2. Die Luftwaffenhelfer

Ein Mechaniker arbeitet gebeugt am Motor eines Propellers. Ein zweiter steht unten und sieht ihm zu. In der Hand hält er ein Papier. Wolken ziehen vorüber.

----

3. Ein Liebespaar

Das Portrait zeigt eine Frau und einen Mann. Sie stehen dicht beieinander, ihre Wangen berühren sich. Die Frau trägt ein Kopftuch und lächelt.

△ Reich: Chiara Ohoven
wurde von Freund Patrick
Poprawski mit Schmuck
für 20 000 EURO verwöhnt

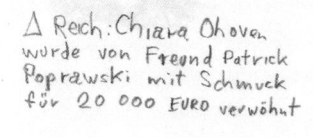

----

4. Schminkende

Chiara Ohoven kontrolliert in einem kleinen Schminkspiegel den Auftrag der
Wimperntusche.

----

5. Der Skispringer

Ein Skispringer ist im Flug von hinten zu sehen. Sein Anzug bläht sich im Wind.

----

6. Sechstage-Rennen

Der Deutschland-Vierer dreht im Stadion seine Runden.

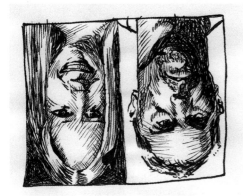

----

7. Der Maler

Ein Maler berührt mit der Spitze eines Pinsels eine leere Leinwand. Sein Gesichtsausdruck zeigt höchste Konzentration. Im Hintergrund werfen zwei große Atelierfenster Licht in den Raum. In der linken Hand hält er ein benutztes Tuch.

----

8. Die Fütterung

Lauren Bacall füttert Humphrey Bogart. Sein Gesicht ist mit Bandagen bedeckt. Augen, Mund und Nase sind frei.

----

9. Ganove

Ein Ganove hält in seiner rechten Hand eine Pistole. Mit dem linken Arm schleppt er eine Frau mit sich, der er mit seiner Hand den Mund zuhält.

----

10. Mörder und Opfer

Portrait eines Mörders und Portrait eines Opfers

----

11. Nackte

Eine nackte Frau posiert, indem sie ihre Arme hinter ihrem Kopf verschränkt.

----

12. Mutter und Sohn

Zu sehen sind ein junger Mann und eine ältere Frau. Sie sind beide nackt und schauen aneinander vorbei. Ihre Hand ruht auf seinem Bauch. Beide stehen vor einem freien Hintergrund. Sie lächelt ein wenig. Ihre Haare sind im Stil der 1960er Jahre frisiert. Er trägt einen Bürstenhaarschnitt. Sein Glied hängt schlaff herunter.

----

13. Mädchen vor einem Spiegel

Ein Mädchen im Bikini betrachtet sich im Spiegel.

---

14. Beirut

Hochhäuser an einer Küstenstraße. Staubwolken verdecken als Folge von Explosionen Teile der Gebäude und der Stadt.

----

15. Henry Moore

Vor ehemaligen Regierungsgebäuden in Bonn steht eine große, zweiteilige Moore-Skulptur.

----

16. Teds

Ein rauchender Ted bietet einem anderen Ted Feuer für die Zigarette an

----

Max Müller, geb. 1963 in Wolfsburg ist Musiker, Zeichner
und Autor. Gründet 1980 die Punkband Honkas. Nach seinem
Umzug nach Westberlin 1981 ist er kurze Zeit an der
Tödlichen Doris, dem Projekt seines Bruders beteiligt.
Bei der Gründung der Band Die Ärzte war Max Müller ur-
sprünglich als viertes Mitglied (Sänger) vorgesehen,
erschien allerdings zu keiner einzigen Probe. Aus diesem
Grund sind Die Ärzte heute eine Drei-Mann-Band. Mit der
Band Vroammm! nahm Max Müller am Festival der Genialen
Dilletanten 1981 teil. 1982 gründete er die Band Camping
Sex, 1984 entsteht die LP „1914!". Nach der Auflösung der
Band 1986, gründet Max Müller mit dem Schlagzeuger von
Camping Sex, Florian Koerner von Gustorf die bis heute
aktive Band Mutter.
Neben seinem Engagement als Sänger bei Mutter arbeitet Max
Müller auch als Solist. 1989 debütierte er mit der Single
„Wir steh'n hier jeden Tag / Sie ist aus Holland". 1995
stellte er seine Solo-CD „Max Müller" vor, 1999 gefolgt von
„Endlich tot" und der LP „Filmmusik" (2004). Müller schrieb
Musik zu den Filmen von Jörg Buttgereit und zu Theaterauf-
führungen des Bochumer Schauspielhauses. Er ist Zeichner
und Autor des Buchs „Musikcafe Wolfsburg".

Ausführliche Biographie:
www.maxmueller.org und www.muttermusik.de